AF359398

LE JEU

DE

LA MALILLE.

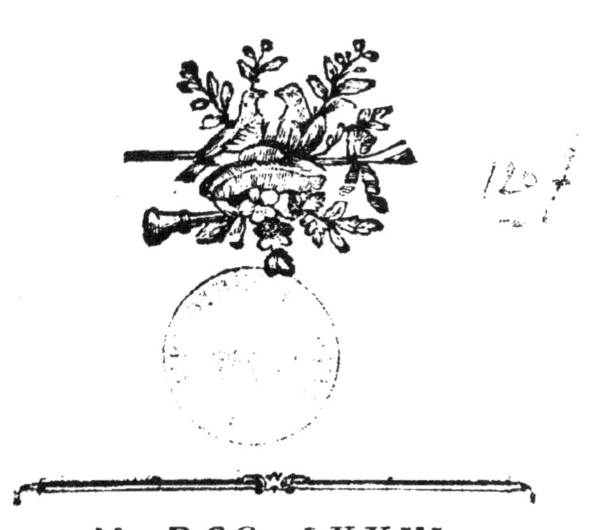

M. DCC. LXXVI.

AVIS
AU LECTEUR.

Le Jeu de la Malille est connu en Espagne depuis long-tems, & j'ai cru qu'il méritoit de l'être en France. Un Auteur nommé Dom Antonio est je crois le premier qui en ait donné les regles : J'ai abrégé son ouvrage, & j'ai tâché d'en exposer les principes avec autant de précision que

A 2

de clarté ; mais on conçoit
aisément que la théorie ne
suffit point ; car ce Jeu,
comme la plupart de ceux
qui nous viennent des
Espagnols, étant combiné
avec un art infini, exige
beaucoup d'attention, de
sagacité & d'habitude.
J'ai ajouté à la fin de
cet ouvrage, deux exemples
qui en rendront la marche
plus sensible.

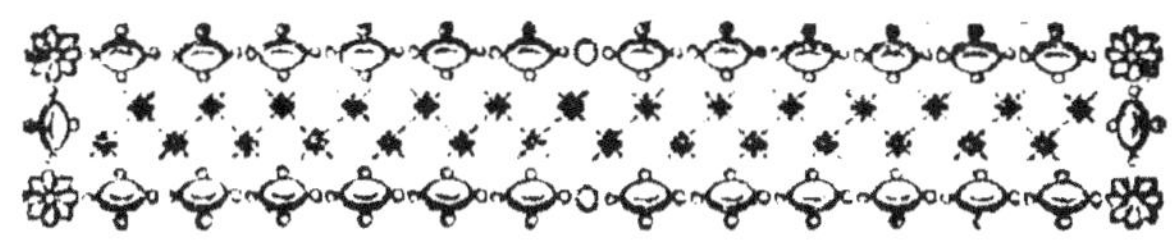

REGLES
DU JEU.

ON ôte les Dix d'un jeu entier, &
on joue avec quarante-huit cartes.

La plus forte carte eſt le Neuf,
enſuite l'As, le Roi, la Dame & le
Valet; le Huit prend le Sept, comme
le Sept prend le Six, &c.; mais ces
cartes baſſes ne comptent rien pour
les points.

L'objet du Jeu eſt de faire le plus
de points qu'on peut : Tout le Jeu
fait enſemble ſoixante-douze points;
on les compte de la maniere ſui-
vante.

Les Neuf qu'on nomme les *Malilles*, valent chacun cinq points;

A 3

les As en valent quatre , les Rois trois , les Dames deux , les Valets un ; outre cela , chaque main vaut un point.

On donne à chacun douze cartes, par quatre , ce qui , en les faifant toutes , feroit douze mains , & par conféquent douze points ; comptez enfuite vingt points pour les quatre Neuf , feize pour les quatre As , douze pour les quatre Rois , huit pour les quatre Dames, quatre pour les quatre Valets , vous aurez foixante-douze points pour la totalité du Jeu.

On met au milieu de la table neuf fiches & dix jetons , qui , fuivant la perte ou le gain , paffent alternativement entre les mains des deux parties de Joueurs. Par exemple : Si, au premier coup , vous gagnez fix points, vous prendrez fix jetons : Si, au second, vous en perdez dix, vous rendrez les six jetons à la masse, & vos adversaires en prendront quatre. Quand on a gagné les cent jetons, on les remet sur la table , pour s'en servir de la même maniere dans le reste de la partie.

L'obligation du Jeu , est de faire trente-six points ; on gagne tous ceux qu'on fait au-delà de trente-six, à moins qu'on ne fasse les douze mains ; auquel cas on fait la vole , & on gagne soixante-douze points.

On choisit ou l'on tire au hazard les *Partners* , comme au Whisk & aux trois Sept, ainsi que celui qui doit donner le premier ; il est libre à chacun de mêler les cartes avant qu'on ait coupé ; celui qui donne découvre la derniere carte, qui est l'A-tout pour cette main-là ; si c'est une carte *de compte* , on doit lui payer la valeur de la carte ; s'il donne mal, à moins que ce ne foit un jeu tout neuf, il perd fa *Donne.*

On joue quelque fois avec une couleur de préférence : quand l'A-tout eft dans la couleur de préfé-rence, on paye double tous les points.

Ce qui différencie ce Jeu de tous les autres, c'eft la regle & l'obli-gation précife de devoir toujours mettre au-deffus & prendre la carte des adverfaires. Je joue : celui qui eft à ma droite n'ayant pas de cette couleur eft obligé de couper avec de l'A-tout ; s'il n'en a pas, fon Par-tner doit prendre la main ; quand on manque à cette loi, on commet une *Renonce* qu'on paye de dix je-tons, outre qu'on ne compte pas les points qu'on auroit gagnés au-delà de trente-fix.

De la maniere de jouer.

IL n'eſt pas poſſible de fixer des regles ſur la maniere de jouer un Jeu dont les cartes ſe donnent au ha- zard , & où par conſéquent une main ne reſſemble jamais à l'autre. L'obſervation la plus générale qu'on peut faire ſur la maniere de jouer , c'eſt que la quantité & la qualité des A-touts doit décider des *Invites* ; ſi on en a beaucoup , on peut ſe flatter qu'on ſera toujours maître du jeu ; ſi on en a peu , il faut tâ- cher de défendre ſon jeu , & d'ai- der ſon Partner , pour que la perte ſoit moindre.

En général il faudroit compter toutes les cartes qui ſont paſſées , mais ſur-tout les A-touts , & ſe bien ſouvenir de la qualité de ceux qui reſtent entre les mains des Joueurs.

Il faut être bien circonſpect à paſſer des Malilles, ou à jouer ſous Malille ; car à la ſeconde main il n'y a plus que huit cartes dans la couleur par où l'on a commencé. Il eſt donc probable de rencontrer une renonce.

Si le Partner s'apperçoit que ſon camarade a joué ſous Malille, ou qu'il en a fait l'*Inpaſſe*, à l'invite de ſes adverſaires, il faut qu'il joue tout de ſuite A-tout, afin de leur ôter leurs Triomphes, & ſauver la Malille de ſon Partner. Cette regle eſt tellement connue de tous les Joueurs, que, lorſqu'on veut indiquer à ſon Partner qu'il lui convient qu'il joue A-tout, il fait l'inpaſſe de la Malille ſur l'invite de ſes adver-ſaires. Si la main vous reſte, vous ne devez pas héſiter à faire A-tout.

Il n'eft pas auffi aifé de connoître quand on a joué fous Malille; cette maniere de jouer fert fouvent à tromper les adverfaires; mais on trompe auffi fon Partner, & il faut une grande habitude du Jeu, pour en faire ufage.

On ne fait jamais l'inpaffe de la Malille à l'invite de fon Partner, à moins qu'il ne vous joue l'As qu'il pourroit avoir tout feul, ou quelqu'autre carte que vous connoiffez par votre jeu ne pouvoir pas être prife par les adverfaires. En laiffant ainfi la main à votre Partner, vous lui donnez à entendre que vous voulez qu'il vous joue A-tout. Au refte il faut fuppofer qu'il a invité dans la couleur où il a l'As ou le Roi, & la plus grande force de fon jeu. Si vous ne lui rendez pas la Malille, vous lui ôtez le moyen de rentrer dans fon jeu , & vous rifquez que vos adverfaires vous la coupent.

Il faut être attentif aux cartes dont on s'en va ; car c'eft par-là qu'on découvre le jeu de fon Partner & des adverfaires. Il convient de remettre fon Partner dans la couleur dont il a fait l'invite , il doit favoir pourquoi il a attaqué ; cependant vous feriez mal de retourner à fon jeu , fi vous avez obfervé qu'à fon invite celui qui eft à votre gauche n'a pas mis au-deffus , qu'il a donné une carte de compte , ou qu'il a donné le Huit ; il y a à préfumer qu'il coupera la feconde , & vous compromettriez le jeu de votre Partner en rejouant à fon invite ; le mieux dans ce cas-là eft de jouer dans une autre couleur , fuivant que votre jeu le comporte. Les bons Joueurs ne jouent jamais de cartes , qu'elles ne ſoient relatives au ſyſtême qu'ils ſe font formé de leur jeu.

Il arrive ſouvent que vous faites l'inpaſſe d'une Malille, & cependant votre Partner ne veut pas vous jouer A-tout ; il faut ſuppoſer qu'il a quelque bonne raiſon ; il peut avoir la Malille avec le Roi ou la Dame de Triomphe ; il veut que l'A-tout lui vienne de vous, pour prendre l'As ou le Roi des adverſaires.

Il eſt quelque fois à propos de re-jouer à l'invite des adverſaires, ſi vous ſoupçonnez que votre Partner a fait l'inpaſſe de la Malille ; mais pour jouer de cette maniere, il faut que vous ayez bien pris garde à la carte qu'a donné celui qui eſt à votre gauche, que vous n'ayez qu'une ſeule carte dans cette couleur-là, & qu'elle ſoit aſſez forte pour obliger l'As ou le Roi à être pris par la Malille de votre Partner. Cette façon de jouer a des inconvéniens ; car si celui qui est à votre gauche renonce , non seulement vous ne prenez pas l'As ou le Roi de votre adversaire , mais vous faites perdre immanquablement la Malille à votre Partner.

Du Singleton.

LES bons Joueurs jouent rarement leur *Singleton* ; cependant on peut le hazarder dans trois seules occasions: la premiere, quand vous avez un Roi tout seul, soit d'A-tout, soit d'autre couleur. Par cette maniere de jouer vous obtenez de conserver l'As à votre Partner , s'il ne l'a pas tout seul, ou de prendre l'As de votre adversaire , si vous le trouvez à votre main droite fans être accompagné de la Malille. Si par hazard votre Partner a la Malille & l'As troifieme d'A-tout, il vous laiffera faire votre Roi ; & quand la main lui reviendra , en jouant fa Malille ou fon As, il vous procurera le moyen de vous défaire de deux cartes fauffes , & de lui marquer la couleur dans laquelle il doit vous faire entrer en jeu.

Il peut arriver auffi que vous jouiez un Roi tout feul dont votre Partner ait la Malille & l'As avec d'autres cartes de la même couleur ; s'il vous laiffe faire le Roi , il faut tout de fuite jouer vos A-touts , quand-même vous n'en auriez qu'un feul. Voici la maniere de jouer vos A-touts dans une pareille occafion : la Malille , fi vous l'avez ; fi vous n'avez que l'As accompagné de la

Dame, il faut jouer l'As ; si votre Partner a la Malille , il vous laissera ; & prendra de la Malille, quand vous jouerez ensuite votre Dame ou votre second A-tout ; il continuera à jouer A-tout ou autre chose , suivant que son jeu le comportera. Si vous eussiez joué la Dame au lieu de l'As, votre Partner auroit pris de la Malille , & vous lui auriez enfermé son jeu avec votre As ; si au contraire vous avez trois ou quatre A-touts, vous devez jouer celui du milieu.

La seconde occasion de jouer le singleton , est quand vous êtes bien pauvre d'A-touts , & que vos A-touts sont de très-petites cartes ; car je n'approuve pas qu'on risque le singleton quand on a la Dame troisieme.

La troisieme occasion est quand vous vous trouvez avec deux singletons ;

gletons , il peut arriver que dans l'un des deux votre Partner ait la Malille & l'As , & que vous puiffiez vous faire deux renonces dans deux couleurs.

De la maniere de jouer A-tout.

SI vous devez jouer A-tout , ayant la Malille & l'As , fans le Roi , quoique vous ayez quatre à cinq Triomphes , je vous préviens qu'il faut toujours commencer par l'As ; car fi par les cartes qui tombent vous jugez à propos de devoir fufpendre, vous encouragerez votre Partner, qui fait que la Malille eft entre vos mains : Vous pouvez enfuite faire votre invite dans la couleur où vous avez plus de forces. Comme il eft tout fimple que dans cette couleur-

B

là vos adverſaires & votre Partner
en ayent moins, vous pourrez vous
flatter d'y faire quelques mains dans
la ſuite du Jeu, & de convertir les
cartes de cette couleur en autant de
Rois. En effet votre Partner ſe ſou-
venant de votre premiere ſortie par
l'As d'A-tout, il verra par ſon jeu &
par la qualité de ſes Triomphes,
de quelle carte il devra faire A-tout
pour épuiſer ceux de ſes adverſaires.
S'il a la Dame ſans avoir le Roi,
il devra la jouer ou le Valet, en-
fin une carte qui puiſſe obliger à
mettre au-deſſus; par cette raiſon
à la ſortie de l'As de ſon Partner,
il aura donné la plus petite, afin
de ſe conſerver une carte forte qui
puiſſe obliger les adverſaires à mettre au-deſſus.

Mais s'il a le Roi accompagné
d'une ou de pluſieurs Triomphes,

il fera A-tout d'une petite carte ;
car en jouant le Roi il s'expoſeroit
que ſi ſon Partner a la Malille
toute ſeule , la force des A-touts
reſteroit entre les mains des adverſaires , & vous ne ſeriez plus maître
du jeu.

Celui qui garde encore la Malille
d'A-tout, continuera toujours à jouer
dans la couleur dont il abonde ,
comme il a commencé , obligeant
les adverſaires à couper, & donnant
à ſon Partner la facilité de ſe défauſ-
ſer ; il faut cependant qu'il prenne
bien garde aux cartes dont on s'en
va ; car ſi vous obſervez que
celui qui eſt à votre gauche , renonce auſſi dans la même couleur ,
vous vous expoſez qu'il ſe défauſſe
à ſon tour , & votre maniere de
jouer ne vaudroit plus rien, à moins
que vos cartes ne l'obligent à cou-

per lui-même , fon Partner ne pou-
vant ni charger ni couper.

Ne foyez pas timide à jouer A-
tout , ni avare de quelques points.
Vous avez , par exemple , l'As &
le Roi , il vous convient de jouer
A-tout ; faites-le avec l'As, car vous
ne rifquez qu'un point , & fi votre
Partner a la Malille , vous la lui é-
pargnez , & vous êtes fans crainte
pour votre Roi.

Si vous trouvez votre Partner avec
trois A-touts par la Malille , obfer-
vez bien la couleur par où il vous
convient de faire votre invite ; n'ou-
bliez jamais de fortir par celle qui
eft la plus chargée , & où confifte
la force de votre jeu. Ayant une
Malille fort chargée , il faut la jouer,
& revenir toujours à cette couleur-
là ; car fi vous avez des occafions
de rentrer , ces cartes fauffes de-

viendront des Rois , & c'eſt la maniere de faire la vole ; on en fait
rarement quand on craint de jouer
A-tout.

S'il vous arrive de devoir jouer
A-tout , ayant As & Roi troiſieme ,
jouez l'As , à moins que votre troiſieme carte ne ſoit la Dame ; car
dans ce cas-là il ſera prudent de
jouer la Dame , pour ne pas tout
riſquer.

Si votre Partner a tourné la Malille , & que vous ayez le Roi &
la Dame , manquant de l'As , vous
jouerez la Dame.

***

Quand on doit jouer A-tout.

VOus devez jouer A-tout : 1.º toutes les fois que vous avez aſſez beau
jeu , & que vous pouvez au moins,

en deux couleurs arrêter la marche de vos adverſaires.

2.° Quand vous avez des Ma-lilles bien placées , qui ſont , par exemple, ſoutenues du Roi & d'au-tres cartes, quoique vous manquiez de l'As. Il eſt preſqu'impoſſible de pouvoir détailler les accidens de ce Jeu , une main ne reſſemble ja-mais à l'autre, & toutes doivent ſe jouer avec une idée & un ſyſtême analogue.

Mais toutes les fois que j'ai quatre A-tous & deux Malilles, je ne puis pas m'empêcher de mettre le Valet ou la Dame au milieu de la table ; dans ce cas je préfere de jouer la Dame, parce que je ne riſque qu'un point , & que je puis ſauver le Roi à mon Partner.

Des Invites.

CElui qui ne compte pas les Triomphes , qui ne se souvient pas de
ce que l'on a joué , qui n'est attentif
ni à la qualité des A-touts qui restent,
ni aux cartes dont on s'en va , ne
peut jamais bien jouer à la Malille.
Celui qui ne sait pas quand une
carte est Roi , & qu'en la jouant
il peut faire défausser son Partner,
ne sera jamais un bon Joueur. Le
plus fort en Triomphes doit donner
la loi , & être toujours maître du
Jeu. Quand vous avez cinq ou six
A-touts , vous en avez déja le double
de ce qui vous appartient ; alors si
vous avez autant de cartes dans
une autre couleur , par exemple ,
l'As & le Roi , ou l'As, la Dame
& le Huit , il me paroît que vous

devez faire votre invite du Huit ;
car avec les A-touts que vous avez,
vous pouvez être presque sûr de
faire l'As & les autres grosses cartes;
mais si vous observez que celui qui
est à votre droite n'a pas pu mettre
sur le Huit, méfiez-vous de lui, &
que votre Partner fasse la même ob-
servation; qu'il mette la Malille, s'il
l'a, & s'il retourne à votre invite,
que ce soit avec sa plus petite carte,
se méfiant de celui qui n'a pas pu
prendre sur le Huit; vous ne met-
trez ni l'As ni la Dame, à moins
que vous n'y soyez forcé ; prenez
avec le Sept ; votre voisin n'ayant
pas pu mettre sur le Huit, la main
vous restera ; alors jouez vos Triomphes, & faites-les tomber toutes;
votre Partner doit vous aider de
même à les faire tomber. Quand
vous serez bien sûr qu'il n'en reste

aucune entre les mains de vos adverfaires, vous jouerez votre As; & fi votre Partner a le Roi, il doit vous le donner pour ne pas couper votre jeu.

Vous êtes dernier : Celui qui a la main fort en jouant un Six ou un Sept; votre Partner ne charge point; c'eſt à vous de jouer; vous avez la Malille & le Roi, avec d'autres cartes de la même couleur, vous prenez du Roi; obſervez fi vous avez quelque carte inférieure à celle par où votre adverſaire a fait ſa ſortie; dans ce cas il ne ſeroit pas convenable de jouer Atout, & d'en ôter un à votre Partner; jouez plutôt la Malille que vous avez paſſée, & enſuite une autre carte de la même couleur; il eſt très-probable que votre Partner coupera l'As qui ſe trouve à votre droite.

Si vous vous trouvez avec la Malille & l'As , & d'autres cartes dans
la même couleur, à moins que ce
ne soit dans la couleur d'A-tout,
je suis d'avis que vous jouiez votre
Malille ; mais il faut que vous pre-
niez bien garde aux cartes qu'on
vous donne. Si vous voyez que le
Roi n'est pas tombé , il est clair
que votre Partner ne l'a pas ; vous
pouvez pour lors jouer votre As,
il pourroit arriver que votre voisin à droite , se trouvant avec le
Roi & la Dame , ou avec le Roi
& une autre carte , eût mis le Roi
ou la Dame sur votre Malille pour
vous tromper & vous persuader
qu'il s'est fait une renonce. Alors
si vous jouez une petite carte pour
l'obliger à couper , il prend avec
la carte qu'il a réservée , & peut,
en rejouant dans la même couleur,

faire couper votre As par fon Partner , quoique fous fa main. Il ré-
fulte de cette obfervation , qu'ayant
Malille & As , il faut les jouer tout
de fuite.

Quand on a épuifé les Triomphes
des adverfaires , & que votre Partner joue des cartes qui font Rois,
il faut que vous foyez attentif à
celles dont vous vous défaites ; car
il s'agit de lui indiquer la couleur
par laquelle il doit vous faire entrer en jeu : Cette couleur , fuivant
une regle conftante , eft celle dans
laquelle vous êtes plus fort, quand-
même il vous manqueroit la Malille , & que vous en auriez une
dans une couleur où vous êtes plus
foible ; or on fait que la maniere
d'indiquer cette couleur eft de ne
pas s'en défaire. Ainfi votre Partner voyant que vous lui en indi-

quez une dont il peut avoir la Malille , il la jouera pour vous faire
rentrer par une petite carte de la
même couleur , & alors vous fe-
rez le maître du jeu. S'il n'a que la
Malille , il ne la jouera pas moins ,
& remettra fon Partner en jeu , en
l'attaquant dans la derniere couleur
dont celui-ci s'eft défait.

Prenez garde quand vous devez
vous défaire du Huit , ou que votre
Partner vous le donne ; il y a apparence qu'il a la Malille feule dans
cette couleur-là , ou qu'il y coupe ;
car s'il avoit le Roi , la Dame ou
le Valet , il les auroit donnés de
préférence au Huit. Si la Malille
eft entre vos mains , vous devez
la jouer , pour procurer à votre
Partner la facilité de fe défauffer.

Ne paffez jamais la Malille à l'invite de votre Partner , & ne jouez

pas fous Malille, à moins que vous n'ayez abfolument tout le jeu.

Quand vous jouez A-tout fous Malille, faites-le de la plus petite carte poffible, afin de ne pas forcer l'As de votre adverfaire ; fi cet As fe trouve à votre droite, il y a apparence qu'on le gardera, & vous pourrez le prendre enfuite, quoiqu'il foit fous votre main.

On pourroit faire une infinité d'obfervations fur ce Jeu, qui confifte dans une chaffe perpétuelle, & dans une défenfe très-combinée de vos cartes & de celles de votre Partner ; l'ufage & l'efprit du Jeu doivent en faire connoître toute la fineffe, n'étant pas poffible de la réduire en regles.

EXEMPLE.

Soit A, B, C, D qui veulent jouer à la Malille : On met les quatre Dix aux quatre places d'une table de Quadrille ; on donne à tirer les quatre Dix de l'autre jeu, & chacun se place d'après le Dix qui lui est échu ; les Vis-à-vis sont Partners ; ensuite on donne à chacun des quatre Joueurs le nom d'une des quatre couleurs ; on coupe un des jeux qui est au milieu de la table ; la carte tournée attribue la donne pour la premiere fois à celui qui a été nommé de la couleur de la carte retournée. Par exemple, A étant assis dit : Cœur pour A, Carreau pour B, Trefle pour C, Pique pour D ; il retourne au hazard une carte ; si c'est un Pique, c'est à D à donner ; si c'eût été un

(31)

Carreau , ç'auroit été à B , & ainfi
des autres. On convient d'avance
combien de tours on jouera ; quelqu'un fe charge de marquer les
tours. Le tour commence par celui
qui donne le premier, & finit quand
donne celui qui eft à fa gauche.
A , C font Partners ; B , D font les
deux autres. A commence le tour ;
il donne douze cartes à chacun, par
quatre, commençant par B qui eft à
fa droite, & finiffant par lui-même ;
il retourne fa derniere carte ; fuppo-
fons que ce foit le Neuf de Cœur ,
c'eft Cœur qui eft la Triomphe de
cette main-là ; la Malille de Cœur
vaut cinq points ; A , ou fon Partner C , prend du milieu de la table
cinq jetons. B , qui doit jouer le
premier , en ouvrant fon jeu &
mettant les couleurs enfemble , voit
que dans la couleur de Cœur , qui

eſt A-tout, il a l'As, la Dame &
le Huit ; il a en outre la Malille
de Trefle, avec le Roi & une autre
petite carte qui eſt le Cinq ; il a
l'As de Pique cinquieme, accompagné du Roi, du Huit, du Cinq,
du Quatre, & le Huit de Carreau
tout ſeul. Son Partner D a quatre
petites Triomphes, c'eſt-à-dire le
Sept, le Six, le Quatre & le Deux ;
mais il a la Malille & l'As de Carreau, avec le Six & le Trois, l'As
de Trefle, avec le Huit & le Sept,
& le Valet de Pique. C a le Roi
& le Valet de Triomphe, la Malille de Pique troiſieme, c'eſt-à-dire
avec le Six & le Trois, le Roi de
Carreau, avec le Sept, le Cinq &
le Deux, & trois petites cartes de
Trefle, le Six, le Quatre & le
Trois. A, ſon Partner, a la Malille d'A-tout, avec le Cinq & le
Trois,

Trois, la Dame & le Valet de Carreau , avec une petite carte , la
Dame & Valet de Trefle , avec le
Deux & la Dame de Pique troifieme.

B voit que fa plus forte couleur
eft en Pique , il veut tâcher de fauver fon As & fon Roi , & faire
Roi une de fes trois petites cartes;
il joue le Huit de Pique , dans l'intention de faire fortir la Malille ;
fi fes adverfaires en faifoient l'inpaffe , ils devroient prendre de la
Dame ou du Valet , & s'expofer à
voir couper leur Malille à la feconde fois qu'on joueroit Pique ;
fi cette carte étoit entre les mains
de fon Partner , il doit la mettre
à fon invite ; mais en jouant le Huit
il voit que C a été forcé de mettre
la Malille , fon Partner donne le
Valet qu'il a tout feul , & A qui

fe trouve avec la Dame troifieme, la donne fur la main de la Malille de fon Partner, pour ne pas l'expofer à être prife par l'As & le Roi qu'il doit fuppofer à B ; outre que D ayant mis le Valet, & par conféquent donné un point, il eft probable qu'il renonce au fecond Pique. Cette main compofée de la Malille, de la Dame, du Valet & du Huit, vaut neuf points.

C rejoue le Trois de Pique, quoique ce foit l'invite de fon adverfaire ; mais par la Dame que fon Partner lui a donnée, il juge qu'il ne lui fera pas de tort, & qu'il peut obtenir de faire tomber un A-tout à D qui eft à fa droite, diminuer, s'il eft poffible, les ennemis de fon Roi & de fon Valet, & d'obliger D à mettre fes A-touts fur les Piques qui font devenus autant de

Rois entre les mains de B ; fon attente n'eſt pas vaine, car D eſt obligé de mettre le Deux de Triomphe ſur le Trois de Pique. A donne le Deux ; mais B au lieu d'aſſurer ſon As de Pique, en le donnant à la main que va faire ſon Partner, juge qu'il eſt plus convenable de lui indiquer la force de ſon jeu ; il lui donne le Quatre de Pique, & cette main ne vaut qu'un point.

D connoît fort bien par la réſerve que fait ſon Partner de ſes groſſes cartes, qu'il a beau jeu, & qu'il veut qu'il lui joue A-tout ; mais avant de lui obéir, il penſe prudemment qu'il doit lui indiquer à ſon tour ſes forces ; il joue donc la Malille de Carreau, A donne une petite carte, B donne le Huit, & C une petite Carte. Cette main vaut ſix points.

Par le Huit de fon Partner, **B**
s'apperçoit qu'il n'a ni le Roi, ni
la Dame, ni le Valet, ni aucune
autre petite carte de Carreau ; car
s'il eût eu quelque carte de compte,
il l'auroit donnée fur la Malille de
fon Partner ; & s'il eût eu quelqu'autre petite carte, il l'auro t éga-
lement donnée de préférence au
Huit ; il juge que **B** doit renoncer
au fecond Carreau, il joue l'As pour
donner à fon Partner le moyen de
fe défauffer, & de lui indiquer encore mieux fon jeu ; **A** donne le
Valet ; **B**, dans l'intention toujours
de marquer la force de fon jeu à
fon Partner, au lieu de lui donner
le Roi de Trefle, & de mettre en
fûreté fes trois points, aime mieux
rifquer de les perdre ; car s'il don-
noit le Roi de Trefle, on foupçon-
neroit qu'il foiblit dans cette cou-

leur-là ; il se défausse donc du Cinq de Trefle qui est la plus petite carte qu'il a dans cette couleur ; D , qui a l'As de Trefle , conjecture à coup sûr que la Malille de Trefle est entre les mains de son Parner ; C donne un petit Carreau. Cette main vaut six points.

D'après cette indication , D se garde bien de jouer un troisieme Carreau , qui affoibliroit son Partner en l'obligeant de couper ; il ne joue pas non plus Trefle , parce que son Partner lui a fait connoître qu'il veut que la Triomphe vienne de lui ; ainsi il joue sa plus forte carte d'A-tout qui est le Sept ; heureusement le Sept force la Malille qu'A est obligé de mettre ; B met le Huit , & C s'appercevant par la maniere de jouer de B , qu'il risqueroit de perdre son Roi , s'il restoit feul , donne fes trois points fur la Malille de fon Partner. Cette main vaut neuf points.

A joue la Dame de Carreau pour affoiblir les A-touts de B ; en effet il eft obligé de couper de l'As ou de la Dame ; ces deux Triomphes étant égales , il préfere de couper de la Dame ; C donne un petit Carreau , ainfi que D. Cette main vaut cinq points.

B joue fon As de Pique , où fon Partner a déja renoncé ; C donne un petit Pique ; D donne le Six de Carreau , & fe fait une renonce pour couper le Roi ; A donne le Pique qui lui refte. Cette main vaut cinq points.

B , calculant qu'il y a dix Piques de paffés , & qu'en jouant le Cinq il peut faire tomber trois Triomphes, fans qu'il lui coûte ni A-tout ni carte de compte , joue son Cinq de Pique ; mais il se trompe , le Valet de Cœur se trouvant sous sa main , C prend du Valet , D donne un petit Trefle , & A donne la Dame de Trefle pour augmenter cette main de son Partner , qui vaut quatre points.

C joue le Roi de Carreau, toujours dans la vue de faire tomber les A-touts de B , & d'épargner ceux d'A , son Partner. D doit bien compter la quantité de Triomphes qui restent ; il voit par son jeu qu'il manque l'As, le Cinq & le Trois ; il suppose que son Partner a l'As , mais il juge que s'il eût eu quatre Triomphes , d'As , de la Dame & du Huit , il n'auroit pas coupé de la Dame à la Dame de Carreau, qu'il n'auroit pas hésité de jouer A-tout quand la main lui est restée ; ainsi il juge que le Cinq & le Trois font fûrement dans la main d'A , & qu'en coupant du Six , il eft clair qu'A feroit un de deux ; il fe détermine à couper du Quatre ; A eft obligé de furcouper du Cinq , & B prend de l'As. Cette main vaut fept points.

B hazarde de jouer le Roi de Trefle , qu'il a regardé toujours comme perdu ; C met un petit Trefle ; D prend hardiment de l'As , voyant bien que fon Partner a joué fous Malille , puifque dès la troifieme main il a jugé que cette Malille étoit entre fes mains ; il entre en jeu , il joue le Six d'A-tout , qui fait tomber le Trois , qui eft le douzieme ; fon Partner lui donne le Roi de Pique.

D joue enfuite le Huit de Trefle ; B prend de la Malille , & fait la derniere main. Ces trois mains valent dix-huit points.

B & D ont fait cinquante points contre vingt-deux qu'en ont fait A & C. Ils gagnent en conféquence quatorze jetons ; A , C remettent dans le tas du milieu les trois jetons qu'ils avoient pris de la retourne du Roi ; & B , D en gardent onze , qui eft leur profit dans cette premiere main.

SECOND EXEMPLE.

B donne : Il découvre le Valet de Trefle , & prend un jeton à caufe de la retourne du Valet , qui vaut un point.

C , arrangeant fes cartes , voit qu'il a le Roi , le Sept & le Deux d'A-tout ; qu'il renonce à Pique ; qu'il a la Malille , le Roi , le Huit & le Cinq de Carreau ; l'As , le Roi , le Six , le Quatre & le Trois de Cœur.

D se trouve avec l'As, le Cinq & le Quatre de Triomphe ; la Malille, le Valet & le Sept de Cœur ; le Huit, le Six & le Quatre de Pique ; le Valet, le Six & le Deux de Carreau.

A possede la Malille, la Dame, le Six & le Trois d'A-tout, la Dame de Cœur toute seule, la Dame & le Quatre de Carreau ; l'As, la Dame, le Valet de Pique, avec le Sept & le Deux.

B a le Valet de Trefle qu'il a retourné, avec le Huit ; l'As de Carreau, le Sept & le Trois ; la Malille de Pique, avec le Roi, le Cinq & le Trois ; trois Cœurs, le Huit, le Cinq & le Deux.

C, qui a la main, joue le Six de Cœur, espérant qu'avec la quantité de cartes qu'il a dans cette couleur, il pourra faire sortir la Ma-

lille fans avanturer ni l'As ni le Roi.
D , qui a la Malille troifieme , en
fait l'inpaffe, & met le Sept; A prend
de la Dame , & la main lui refte ;
car B ne peut mettre qu'une petite
carte.

A joue la Dame de Pique dans
l'intention de faire fortir la Malille
& fauver fon As ; B , qui veut
prendre cet As , fe doutant bien
qu'il doit être entre les mains d'A,
fait auffi l'inpaffe de la Malille &
met le Roi; C , qui y renonce,
coupe du Deux de Trefle; D donne
un petit Pique.

C joue encore un petit Cœur,
toujours dans l'intention de faire
fortir la Malille, & avec l'efpérance
que quelqu'un , ou peut-être fon
Partner, pourra y couper ; D, qui
craint de trop hazarder fa Malille ,
en la paffant une feconde fois , fe

détermine à la mettre ; A coupe avec le Trois d'A-tout, B donne une petite carte.

A se souvenant que son Partner a coupé à Pique , joue l'As pour forcer la Malille qui peut être à sa droite ; B est obligé de la mettre, C coupe avec le Sept , D donne un petit Pique.

C , prévoyant qu'on le forceroit d'employer son Roi de Trefle sur un petit Pique, où il ne reste plus à prendre que le Valet, & se voyant avec trois Cœurs devenus Rois, & avec un très-beau jeu en Carreau, préfere de jouer le Roi de Trefle, qui peut faire tomber quatre A-touts ; D est obligé de mettre l'As, A prend de la Malille , B donne le Huit.

A , secondant les vues de son Partner , continue à faire A-tout de la Dame ; il fait tomber le Valet de B ; C lui donne le Cinq de Carreau , D le Quatre d'A-tout.

A voit qu'il ne lui manque plus que le Cinq de Triomphe , qu'il a le Valet de Pique devenu Roi , & que son Partner ayant joué A-tout , doit avoir la Malille de Carreau , dont on n'a pas encore entamé la couleur , outre l'As & le Roi de Cœur qu'il doit lui supposer ; il ne balance donc pas de faire tomber ce douzieme A-tout , son Partner lui donne le Huit de Carreau.

Il joue le Valet de Pique , sur lequel son Partner lui donne le Trois de Cœur ; joue le Sept de Pique devenu aussi Roi , sur lequel son Partner donne le Roi de Carreau ; après il joue le Deux de Pique , son Partner donne le Roi de Cœur ; ensuite donne entrée à

son Partner avec la Dame de Carreau. Ils font toutes les mains, &
la vole, qui vaut soixante-douze
points.

Cet exemple fait voir combien
il est dangéreux de passer des Malilles quand elles ne sont pas bien
soutenues par une grande force en
Triomphes, & par un beau jeu
dans les autres couleurs. B, D ont
essuyé la vole par leur faute, &
pour avoir passé deux Malilles mal
à propos.

B, D rendent au tas du milieu
les douze jetons qu'ils avoient gagnés ; & A, C en prennent soi-
xante, qui est leur profit.

F I N.